CATALOGUE
D'OBJETS D'ART
ET DE CURIOSITÉ,

Belles Porcelaines de Chine et du Japon, montées en Bronze doré et non montées ; Porcelaines de Sèvres, de Saxe ; belles pièces en vieux laque du Japon ; Verroterie de Venise, Tables en mosaïques, Meubles anciens, Objets divers en lapis et matières précieuses ; collection de Coquillages ;

BELLE RÉUNION DE STATUES ET BUSTES

EN MARBRE BLANC DE CARRARE,

exécutées d'après les Artistes les plus célèbres anciens et modernes,

DONT LA VENTE AURA LIEU

RUE DES JEUNEURS, 16,

EN L'HOTEL DES VENTES,

SALLE N° 2,

Les Lundi 30, Mardi 31 Mars et Mercredi 1er Avril 1840,
à midi.

EXPOSITION PUBLIQUE

Le Dimanche 29 Mars, de midi à quatre heures.

Les Statues ne devant être vendues qu'à la troisième vacation, seront encore visibles les Lundi 30 et Mardi 31 Mars.

LE PRÉSENT CATALOGUE SE DISTRIBUE :

Chez MM.
BONNEFONS-DE-LAVIALLE, Commiss.-Priseur, rue de Choiseul, 11 ;
RIDEL, Commiss.-Priseur, rue Saint-Honoré, 335 ;
ROUSSEL, Expert, quai Malaquais, 13.

1840.

CONDITIONS DE LA VENTE.

Elle sera faite au comptant.

Les acquéreurs paieront en sus des adjudications cinq pour cent applicables aux frais de vente.

Nota. On suivra pour la vente l'ordre des numéros au catalogue.

CATALOGUE
D'OBJETS D'ART
ET DE CURIOSITÉ.

Première Vacation. — *Lundi 30 mars.*

PORCELAINES MONTÉES ET NON MONTÉES, ETC.

1 — Deux petites tasses en verre de Venise, blanc de lait, moucheté de bleu.
2 — Cinq petites tasses en porcelaine Chine, à bouquets de fleurs de couleurs, avec caractères chinois dessinés en or.
3 — Cinq autres tasses de même qualité, mais différentes de forme.
4 — Trois goblets, verrerie allemande : un d'eux est orné d'un sujet émaillé en couleur, avec inscription.
5 — Deux petits vases chinois en pâte de riz d'un beau blanc, sur pied en bois d'acajou.
6 — Jolie petite théière en terre de Bocaro, de couleur brune, imitant un faisceau de bambou.
7 — Quatre pièces en porcelaine de Chine : deux tasses et deux vases fracturés, porcelaine jaune impérial.
8 — Bol orné de bas-relief, en biscuit noir, de Wedgwood.

9 — Deux cornets en porcelaine jaune, riches de décors et très belle qualité, fracturés.

10 — Deux cornets en porcelaine jaune, plus petits.

11 — Deux tasses à couvercles, porcelaine de Chine, à dessins rouges.

12 — Deux petits vases en pâte de riz jaune, sur pied en bois.

13 — Deux tasses à couvercles, ornées de sujets, grisailles.

14 — Deux petits vases en pâte de riz jaune, sur pied en bois.

15 — Un vase, craquelée de Chine.

16 — Très beau cornet en porcelaine jaune impérial de la Chine, belle qualité.

17 — Bougeoir en porcelaine de Chine, fond blanc à dragons verts, monté en cuivre doré.

17 (bis) — Pot à eau en faïence jaune, avec bas-relief.

18 — Pot à eau en porcelaine de Saxe, représentant un fruit.

19 — Deux jolis petits cornets en porcelaine jaune.

20 — Cinq pièces, porcelaine de Chine : deux tasses à médaillons, sur fond à réseaux d'or, et trois petites tasses à fleurs.

21 — Deux petites bouteilles bleues et un petit vase céladon, orné de fleurs de couleurs.

22 — Petit vase en porcelaine de Chine, fond bleu à dessins rouges, garni en cuivre doré, et deux petits cornets jaunes.

23 — Un vase orné de mascarons, guirlandes de

fleurs et médaillons en relief, en biscuit de Wedgwood.

24 — Deux petits vases en porcelaine de Chine bleue avec dragons dessinés en rouge, montés en cuivre doré.

25 — Deux tasses à couvercle, porcelaine de Chine très fine, à dessins grisailles.

26 — Deux jolis petits cornets, porcelaine céladon, à dessins de fleurs bleues sur vert, belle qualité.

27 — Deux petits vases, porcelaine jaune à dessins verts, montés en cuivre doré.

28 — Ecritoire de bureau, formé d'un plateau en laque noir à dessins d'or, garni de trois godets en porcelaine de Chine, avec monture en cuivre.

29 — Un écritoire semblable au précédent.

30 — Cabaret à liqueurs, en cristal de Bohême, taillé et orné d'arabesques et sujets de chasse gravés en creux ; il se compose de quatre flacons, deux coupes et deux petits verres, sur plateau verni.

31 — Six petites tasses de formes et dessins variés, en porcelaine de Chine de belle qualité.

32 — Deux petits vases avec médaillons, à sujets et bouquets de fleurs.

33 — Un cornet en porcelaine jaune et un petit vase en laque noire.

34 — Vase en porcelaine jaune, belle qualité, monté en cuivre doré.

35 — Espèce de calice en porcelaine de Chine, d'une

très belle qualité, orné de personnages parés de costumes riches, dont tous les détails sont d'une très grande finesse de travail, avec inscriptions en caractères chinois, monture en cuivre doré.

36 — Deux petits vases en porcelaine jaune, belle qualité, montés en cuivre doré.

37 — Un porte-mouchette hollandais en fer poli et découpé à jour.

38 — Vase de forme comprimée, porcelaine de Chine blanche à bouquets de fleurs.

39 — Grosse théière ornée de bas-reliefs, en biscuit noir de Wedgwood.

40 — Six petites assiettes en porcelaine, céladon, à bouquets de fleurs et papillons, belle qualité.

41 — Deux cornets, porcelaine jaune, belle qualité.

42 — Vase chinois très curieux, à trois étages et couvercle, en porcelaine craquelée à l'intérieur, l'extérieur est laqué en noir à dessins burgautés.

43 — Petit cartel avec mouvement, en marqueterie de cuivre sur écaille rouge, orné de cuivre.

44 — Soupière ovale sur son plateau, porcelaine de Chine, fond blanc à bouquets de fleurs.

45 — Six petites assiettes, porcelaine céladon, à bouquets de fleurs et papillons.

46 — Deux jolis petits cornets en porcelaine jaune.

47 — Deux grandes bouteilles en craquelée de Chine, ornées de dragons en relief.

48 — Deux candélabres à trois branches, avec fleurs

en porcelaine, placés dans des vases céladons à médaillons, d'une belle qualité, avec monture rocaille en cuivre.

49 — Grande cassolette en porcelaine de Chine, fond bleu à médaillons, monture très riche à dauphins et galerie découpée à jour, en cuivre doré.

50 — Autre grande cassolette en porcelaine de Chine très richement décorée ; la monture est semblable à la précédente.

51 — Deux bouteilles en craquelée de Chine, ornées de dragons en relief.

52 — Deux petits vases fond céladon, ornés de fleurs et papillons, émaillés en couleurs vives et variées ; monture rocaille en cuivre doré.

53 — Deux autres vases semblables supportant des candélabres à trois branches d'œillets.

54 — Deux jolis petits vases en biscuit bleu, de Wedgwood, ornés de bas-reliefs blancs.

55 — Deux grandes bouteilles en porcelaine, fond vert uni, monture rocaille en cuivre.

56 — Très beau vase céladon à dessins gaufrés, avec monture à deux anses formées par des dragons et pied rocaille en cuivre.

57 — Deux petits bras à une lumière en cuivre, ornés de mascarons.

58 — Petit lustre à six branches, à feuillages en cuivre et fleurs en porcelaine : le milieu est formé par un vase en porcelaine de Chine.

59 — Tableau chinois peint sur verre, représentant des oiseaux et des fleurs.

60 — Deux bustes d'enfant en porcelaine de Saxe.
61 — Deux tasses et leurs soucoupes, bleu de roi, à médaillons d'oiseaux en porcelaine de Sèvres.
62 — Belle bouteille avec dragon en relief en céladon de Chine, sur socle en bois de fer.
63 — Jolie figurine de Minerve, debout, en porcelaine de Saxe.
64 — Quatre figurines en porcelaine de Saxe.
65 — Le Baiser de Houdon et son pendant en bronze : le dernier de ces deux bronzes se trouve rarement.
66 — Petite pagode en porcelaine de Saxe.
67 — Quatre bouquets de fleurs en porcelaine de Saxe.
68 — Quatre dito.
69 — Deux tasses et soucoupes à paysages en porcelaine de Chine.
70 — Deux dito.
71 — Deux petits vases, deux cornets et un perroquet, porcelaine de Chine.
72 — Cartel de montre, sur un cheval avec terrasse rocaille en bronze doré.
73 — Un dito avec balancier, sur un éléphant, en porcelaine de Saxe.
74 — Pagode chinoise dans sa boîte en laque de Chine, fond d'or.
75 — Petit secrétaire en marqueterie de cuivre sur écaille.
76 — Deux jolies figurines ornées de dentelles en porcelaine de Saxe : Homme tenant une lorgnette et femme lisant une lettre.
77 — Ecran en bois sculpté.

78 — Deux caisses à bouquets et leurs plateaux, de forme carrée à coins coupés, en porcelaine de Chine, à bouquets de fleurs et oiseaux.
79 — Table carré long en marqueterie de bois, orné de rosaces.
80 — Pot-pourri en ancien truité, d'une qualité rare.
81 — Un petit ballet de foyer, le manche en marqueterie de cuivre et étain sur écaille rouge.
82 — Une cage en bambou avec bassin pour des poissons.
83 — Petit pot à eau et sa cuvette, en porcelaine, le couvercle est garni en argent.
84 — Petite table à ouvrage en marqueterie de bois : elle est de forme cylindrique et contient trois tiroirs.
85 — Une autre semblable.
86 — Deux mosaïques de Florence avec cadres en cuivre doré.
87 — Le portrait de Gabrielle d'Estrée, duchesse de Beaufort, peinture à l'huile sur cuivre et cadre doré.
88 — Un paravent chinois en papier représentant des paysages.
89 — Un dito.
90 — Commode en marqueterie de bois, richement garnie de cuivre.

DEUXIÈME VACATION. — *Du mardi 31 mars.*

PORCELAINES, LAQUES ES OBJETS DIVERS.

91 — Un lot d'échantillons de marbre.

92 — Cinq petits cadres en bois doré.
93 — Deux petits vases, ancien blanc de Chine.
94 — Deux flacons en verre bleu émaillé, bouchons en étain.
95 — Deux cadres en bois doré.
96 — Deux petites assiettes en faïence italienne, représentant des sujets variés, dans des cadres en bois peints.
97 — Un verre de Venise à filets blancs, de forme cylindrique.
98 — Une petite lampe allemande à six becs en cuivre.
99 — Deux petits vases en pâte de riz d'un beau blanc, sur pied en bois.
100 — Deux tasses à couvercle, porcelaine de Chine à dessins rouges.
101 — Petit coffret en bois sculpté, du temps de Louis XV: l'intérieur est garni en satin bleu.
102 — Une théière en terre de Bocaro rouge.
103 — Une dito en terre de Bocaro jaune, belle qualité.
104 — Deux petits vases, forme Médicis, porcelaine fond vert, à médaillons de fleurs.
105 — Coupe à pied élevé et couvercle, porcelaine de Chine, ornée de sujets et de fleurs.
106 — Petit plateau, porcelaine, céladon à bouquets de fleurs et papillons, monture rocaille en cuivre doré.
107 — Deux petits pots-pourris en craquelée fleurie, monture à trépied en cuivre doré.
108 — Deux petits vases carrés à deux anses, porce-

laine de Chine, ornés de médaillons à sujets.

109 — Pot-pourri avec dragon impérial dessiné en vert, monture à trépied en cuivre doré.

110 — Coupe à pied élevé et couvercle, porcelaine de Chine, décorée de sujets et de fleurs.

111 — Cassolette ovale en laque noir à dessins d'or, monture élégante et riche d'ornemens en cuivre.

112 — Ecuelle et son plateau en porcelaine de Sèvres fond vert, ornés d'un grand nombre de petits médaillons à trophée de musique et fleurs.

113 — Deux jolis petits cornets en porcelaine jaune, monture en cuivre doré.

114 — Ecuelle et son plateau en porcelaine de Chine, ornés de médaillons à sujets sur fond à dessins d'or.

115 — Deux beaux cornets, porcelaine jaune impérial, très bien décorés, monture rocaille en cuivre doré.

116 — Cassolette en porcelaine, céladon belle qualité, à bouquets de fleurs et papillons, belle monture en cuivre doré.

117 — Bas-relief en bronze du XVIe siècle, représentant la Fuite en Égypte.

118 — Groupe de figures en terre cuite, dans le style de François Flamand.

119 — Un bel éventail du temps de Louis XV, en nacre de perle, découpé à jour avec applique d'ornemens en or et miniatures représentant l'Hyménée.

120 — Un joli petit flacon en pierre de laar avec orne-

mens très délicatement découpés à jour, et un petit fruit en cornaline rouge.

121 — Une boîte à quatre étages en laque noir à dessins d'or, belle qualité et bien conservée.

122 — Une boîte en laque rouge sculpté, représentant divers ustensiles chinois sur fond vert, également sculpté.

123 — Deux supports de forme carrée, en laque usé, de belle qualité.

124 — Boîte ronde et festonnée en laque rouge sculpté, représentant un paysage avec kiosque et figures : travail d'une finesse remarquable.

125 — Très belle boîte en laque usé, ayant la forme d'un instrument de musique.

126 — Un fruit en cornaline rouge sur pied en bois de fer.

127 — Poignard, dit langue de bœuf, dont la large lame est dorée et couverte d'ornemens gravés ; la poignée et la garde très riches d'ornemens ciselés, sont formées d'appliques en argent repoussé, offrant des arabesques du plus beau style ; le fourreau en velours rouge est garni de cuivre doré.

128 — Un bel écran chinois en pierre onix à trois couches, dont on a profité habilement pour représenter en relief un paysage avec kiosques ; en appropriant les couleurs aux divers objets que l'on a voulu représenter : le pied est en bois de fer.

129 — Joli petit meuble en laque usé, fermant à deux portes et couronné d'une galerie à jours.

130 — Une boîte en laque rouge sculpté, représentant un paysage avec kiosques et personnage : travail très fin.
131 — Autre boîte en laque rouge sculpté : ornement très délicat.
132 — Un fruit en cornaline rouge sur pied en bois de fer.
133 — Deux vases céladon bleu d'empois, très belle qualité.
134 — Joli petit médailler, forme de coffre, plaqué en bois des îles, avec filets de cuivre incrustés, garni d'une poignée et d'appliques en cuivre doré.
135 — Un autre semblable un peu plus petit.
136 — Deux jolis petits supports en laque usé, de forme hexagone à pans renforcés.
137 — Deux autres semblables mais plus petits.
138 — Deux petits plateaux en terre de Venise, avec bordures émaillées.
139 — Grand bol en verre à filigrane de couleur, sur pied supporté par trois griffes de lion en cuivre doré.
140 — Pot-pourri en céladon uni d'une très belle qualité et richement monté en cuivre doré.
141 — Deux petites caisses à bouquets, ornées chacune de quatre plaques de porcelaine bleu turquoise, avec sujets pastoraux, monture rocaille en cuivre doré.
142 — Grand et beau bol en porcelaine de Chine de belle qualité : à l'extérieur est représenté la vue de Canton, où l'on remarque les pavil-

lons de diverses nations européennes qui y font le commerce, et la résidence des ambassadeurs.

143 — Joli petit vase en porcelaine jaune impérial, monté en cuivre doré.

144 — Un sucrier en porcelaine de Sèvres, fond vert, à cartels de fruits et de fleurs.

145 — Une tasse et sa soucoupe porcelaine de Sèvres, à guirlandes de fleurs et rubans bleu turquoise.

146 — Une dito à médaillons grisailles.

147 — Trois dito à guirlandes de fleurs.

148 — Trois dito, dont une fond bleu et guirlandes de fleurs.

149 — Deux soupières, blanches porcelaine de Sèvres, à filets d'or.

150 — Deux meubles en marqueterie.

151 — Deux dito.

152 — Grand bassin en porcelaine du Japon, riche de décors et de belle qualité, sur pied en bois sculpté.

153 — Très grand et beau coffre à couvercle cintré, en laque burgauté, avec ses garnitures en cuivre doré, sur pied en bois découpé à jours : cette pièce, remarquable par sa dimension, est en bon état.

154 — Vase en porcelaine bleu turquoise, à médaillons de fleurs : les anses sont formées par des têtes de béliers, le couvercle est surmonté d'un bouquet de fleurs.

155 — Autre vase de même qualité que le précédent, mais d'un décor différent.

156 — Grand et beau vase céladon à dessins gaufrés de très belle qualité, richement monté en cuivre doré.
157 — Une lanterne de vestibule, du temps de Louis XV, en cuivre : elle est en bon état.
158 — Un petit lustre à six lumières, en cuivre doré.
159 — Grand vase célandon à médaillons et ornemens camaïeux bleus ; monture rocaille très riche, en cuivre doré.
160 — Autre grand et beau vase, céladon rouge, avec dragons en relief, placés sur le col du vase ; monture rocaille à deux anses formées par des griffons ailés en cuivre doré : cette pièce, remarquablement belle, doit fixer l'attention des amateurs.
161 — Vase de forme basse, en porcelaine, céladon uni avec dragons en relief, monté en cuivre doré.
162 — Petit guéridon en bois sclupté.
163 — Petit tableau peint à l'huile : scène flamande.
164 — Six petites gouaches allemandes, représentant l'histoire de l'Enfant prodigue.
165 — Un petit lustre à six branches, en cuivre doré.
166 — Vase de forme basse, en porcelaine de Chine, fond bleu à dessins d'or ; monture en cuivre de style oriental.
166 bis — Une jolie table en vieux laque du Japon, garnie en cuivre doré.
167 — Un très beau paravant de huit feuilles en laque noir, à dessins d'or, d'une grande fraîcheur et d'un bel effet.
168 — Deux grands vases, forme bouteille, en porce-

laine bleu turquoise, unis ; monture rocaille à deux anses, en cuivre.
169 — Douze rouleaux de papier chinois richement décoré, pour tentures.
170 — Six petites assiettes porcelaine céladon, à bouquets de fleurs et papillons.
171 — Six dito.
172 — Deux grands plats en porcelaine de Chine de belle qualité.
173 — Deux beurriers en porcelaine de Sèvres, à bouquets.
174 — Deux petits vases, forme calice, en craquelée fleurie, montés en cuivre doré.
175 — Une jolie théière en biscuit de Wedgwood.
176 — Une soupière et son plateau, porcelaine de Chine, à bouquets de fleurs.
177 — Aiguière en faïence ancienne, à dessins bleus.
178 — Petit coffret en marqueterie de bois.

TROISIÈME VACATION. — *Mercredi* 1er *avril.*

LES STATUTS DE MARBRE, LA COLLECTION DE COQUILLES, VASES, PENDULES, CANDÉLABRES, ETC.

179 — Une collection de coquilles marines, parmi lesquelles on distingue un grand nombre de belles espèces : spondyles, rochers, ranelles, porcelaines, pyrules, un grand nombre de bivalves, un arrosoir de Java, quelques madrépores et corraux. Cette collection sera divisée par lots.
180 — Lot de plaques d'agate variées.

181 — Un autre lot de plaques d'agate variées.
182 — Un dito, avec quelques cabachons de pierre des Amazones.
183 — Six jolies plaques d'agate orientale, couleur sardoine.
184 — Deux grandes et belles plaques de lapis lazuli, d'un bleu clair et moucheté de blanc.
185 — Sept petites plaques de lapis, même qualité.
186 — Six morceaux bruts de lapis d'un bleu foncé.
187 — Deux plaques de lapis d'un bleu clair.
188 — Un gros bloc de lapis lazuli brut, bleu clair, propre à faire une coupe ou un vase.
189 — Deux petits modèles du tombeau d'Agrippa, en albâtre oriental.
190 — Table octogone en granit rouge, divisée par des compartimens en mosaïque de Florence, exécutés en pierres dures : le centre est occupé par une mosaïque représentant une vue d'Italie, de même en matières dures.
191 — Petite tablette de guéridon en marbre cipolin, belle qualité zonée.
192 — Petite table octogone, en bleu fleuri oriental, avec mosaïque fine de Rome au milieu.
193 — Petite table de guéridon, en griotte et albâtre oriental, avec bordure mosaïque en jaune et malachite : au centre une mosaïque camaïeu, représentant la Bacchante d'Herculanum.
194 — Coffret en malachite veinée, belle qualité, monté en cuivre doré.
195 — Bel encrier forme de piédestal, en lapis lazuli d'une belle qualité, monté en cuivre doré, le

devant est orné d'une mosaïque représentant une ruine.

196 — Autre encrier de même forme, en serpentine d'Italie, monté en cuivre doré et orné d'une mosaïque.

197 — Deux vases en porcelaine, à quadrilles bleu turquoise et bouquets de fleurs, montés en bronze doré.

198 — Une pendule magnifique du temps de Louis XVI, en acajou, avec ornemens et figures en bronze doré (les attributs de la musique); mouvement de Leroy, et jeu de flûte dans le socle.

199 — Deux candélabres à cinq branches, avec figures, Naïades, en bronze doré.

200 — Deux grands vases en porcelaine brune jaspée, monture rocaille très riche en bronze doré.

201 — Vénus couchée, d'après Titien, en albâtre.
Cette figure d'une bonne exécution est d'une qualité d'albâtre qui la ferait confondre avec le marbre blanc.

202 — Un taureau couché, d'après l'antique, en marbre blanc statuaire de Carrare.

203 — Un aigle, d'après Rauch, en marbre blanc.

204 — Psyché assise sur un rocher : Statue de demi-nature, d'après *Tenerani*, d'une bonne exécution, en marbre de Carrare d'une belle qualité.

205 — Ève assise à terre, une main appuyée sur le sol et les cheveux épars, paraît étonnée de l'existence : Statue de demi-nature, d'après *Bartolini*.

206 — Autre statue d'Ève, semblable à la précédente.

207 — Confiance en Dieu, d'après *Bartolini*. Statue de demi-nature.
208 — Autre statue semblable à la précédente.
209 — Les bustes : d'Homère et de Socrate, d'après l'antique, grandeur naturelle.
210 — Le buste de Napoléon, demi-nature.
211 — Une Nymphe de Bacchus, d'après le dernier ouvrage de Canova, exécuté par ce célèbre artiste pour le roi d'Angleterre : elle est assise sur une peau de panthère et tient une couronne à la main. Statue de demi-nature.
212 — L'Amour Divin, debout et priant : extrait et d'après le groupe de l'Ange-Gardien, de *Bienaimé*. Hauteur 18 pouces.
213 — Vénus accroupie, d'après l'antique. Statue de demi-nature.
214 — L'Amour endormi, de *Langarden*. Hauteur 2 pieds.
215 — Buste d'une Vestale voilée, d'après l'antique : la légéreté de la sculpture donne au voile une transparence qui fait illusion.
216 — Buste d'Aristide, avec la main, d'après l'antique.
217 — L'Amour cueillant des fleurs, d'après *Baruzzi*. Hauteur 2 pieds.
218 — Nymphe assise, d'après *Baruzzi*. Hauteur 2 pieds.
219 — La Nymphe au Scorpion, d'après *Bartolini* : elle vient d'être piquée par le scorpion qui est encore près d'elle, d'une main elle tient

le pied blessé et de l'autre elle soutient son corps. Statue de demi-nature.

220 — Un encrier en marqueterie de cuivre et écaille.
221 — Un cabinet à tiroirs, plaqué en bois de palissandre et orné de colonnes en marqueterie d'ivoire et ébène.
222 — Une console, en bois sculpté et doré, du temps de Louis XV.
223 — Une console, en bois sculpté et doré, de même époque.
224 — Une console, en bois sculpté et doré, du temps de Louis XVI.

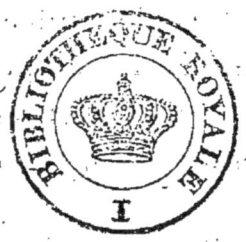

www.ingramcontent.com/pod-product-compliance
Lightning Source LLC
Chambersburg PA
CBHW030112230526
45471CB00003B/1383